AF324815

LES

ARGONAUTES

POËME

Par Augusta Mylnis

LES

ARGONAUTES

———

POËME

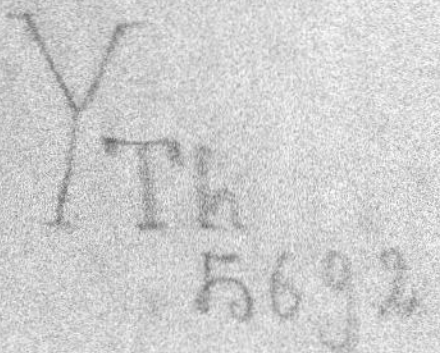

LES ARGONAUTES

PREMIÈRE PARTIE

—

JASON

—

Iolcos. Le rivage, la mer. Sur la nef Argo, les Argonautes chantent en levant l'ancre. Jason est debout, à l'avant du navire. — Le peuple accourt.

LES ARGONAUTES

Eïa-o ! Rompez les cordages,
Arrachez l'ancre ! En mer, en mer !
Naviguons vers les beaux rivages
Que bat au loin le vent amer !
Eïa-o ! Rompez les cordages,
Arrachez l'ancre ! En mer, en mer !

UNE JEUNE FILLE, *sur le rivage*

Thaïs !
Naïs !
Nysa ! Vous qui venez des plaines
Mes sœurs !

Nysa !
Lysa !
Déposez vos corbeilles pleines
De fleurs !

Regardez, sur les flots qui brament
Là-bas,
Cette nef merveilleuse où rament
Cent bras !

Entendez-vous ces voix profondes ?
Qui sont
Ces hommes forts qui sur les ondes
S'en vont ?

LE PEUPLE

Voyez, voyez Argo, la nef aventureuse,
Lever l'ancre au soleil levant !
Sa voile d'or se gonfle à la brise amoureuse !
C'est son mât, ce chêne vivant !

Ses rameurs sont des rois, des héros, des poètes,
Au retour, ils seront des dieux !
Sous la jeune clarté, voyez leurs jeunes têtes
S'orner du laurier radieux !

Gloire ! voici Castor, Pollux, Orphée, Hercule !

LA JEUNE FILLE

Et Jason ?

UNE AUTRE

Le plus fier de tous

C'est lui.

LA PREMIÈRE JEUNE FILLE

Quoi ? cet enfant ?

UNE AUTRE

Arès même recule
A sa vue et craint son courroux !

LE PEUPLE

C'est Jason, le plus fier de tous !
C'est le héros enfant ! Arès même recule
A sa vue et craint son courroux.
Il part, bravant la mer obscure
Et la tempête et le danger.
Et, revêtu d'une divine armure,
Parmi les nuits, vers la conquête sûre,
Conduit les rois sur le vaisseau léger !

JASON

Compagnons, en avant ! vers une terre sombre,
La Colchide au ciel noir,
Mère d'hommes cruels et de monstres sans nombre,
Je vais, ivre d'espoir !

Sur la première nef, affrontant la tempête
Pour la première fois,
Moi, l'enfant d'Iolcos, je mène à la conquête
Des héros et des rois !

Car là-bas, cher espoir de l'âpre traversée,
Dans la nuit vierge encor,
Brille mon seul désir, mon unique pensée,
La grande Toison d'or !

LE PEUPLE, *à voix basse*

Quel est donc ce trésor sublime
Et sans pair,
Qui brille par delà l'abîme
De la mer ?

JASON

Peuple, la Toison d'or, c'est la Vie immortelle
Le Renom toujours pur,
La science du Vrai, la Beauté toujours belle,
Qui règne dans l'azur !

LE PEUPLE

Gloire à Jason ! Héros à l'âme pure,
Pars et reviens vainqueur de la grande aventure !

Le peuple continue son chant de gloire pendant que les Argonautes appareillent en entonnant leur chant de départ.

Oui, pars, bravant la mer obscure
Et la tempête, et le danger ;
Pars, revêtu de la divine armure !
Dompteur des nuits, vers la conquête sûre,
Conduis les rois sur le vaisseau léger.

LES ARGONAUTES

Eïa-o ! Rompez les cordages !
Arrachez l'ancre ! en mer, en mer !
Naviguons vers les beaux rivages
Que bat au loin le vent amer.
Eïa-o ! Rompez les cordages ;
Arrachez l'ancre ! en mer, en mer !

JASON

O labeur de mes jours, ô tourment de mes veilles,
But sacré de mes vœux,
Pur renom, or vivant, merveille des merveilles,
Toison d'or, je te veux !

DEUXIÈME PARTIE

—

LE VOYAGE

—

La pleine mer. — Les flots, d'abord calmes, se soulèvent avec de sourds murmures. Le tonnerre gronde, les éclairs brillent, les oiseaux marins tourbillonnent avec des cris perçants. La nuit se fait, et la mer tout entière se gonfle, menaçante.

JASON, *criant dans la tempête*

Serrez les voiles ! A la rame !

LES ARGONAUTES

La mer brame
Et le vent
Soulevant
L'âpre lame
Hurle et sanglotte comme une âme !

JASON

Pilote, ouvre les yeux !

LES ARGONAUTES

Furieuse,
Sous les cieux
Pleins de feux,
La mer creuse
Un gouffre où rit la mort affreuse !
Dieux !

JASON

Compagnons ! luttez encor !
Domptez la nuit. Là-bas brillent la gloire et l'or !

Le fracas des vagues et du vent redouble. Puis, dans une accalmie, s'élève le chant très-doux d'une voix féminine.

UNE SIRÈNE

Oubliez ! la voix des sirènes,
C'est l'oubli.
Front pâli,
Cœur dévoré d'antiques peines,
Homme, viens ! La voix des sirènes,
C'est l'oubli !

LES ARGONAUTES

La rame tombe
De nos mains !

JASON

N'écoutez pas ! Le sein des femmes, c'est la tombe,
O faibles cœurs humains !

LA SIRÈNE

Oubliez ! les bras des sirènes
Sont si blancs !
Leurs doux flancs
Troublent les étoiles sereines !
Oubliez ! les bras des sirènes
Sont si blancs !

LES ARGONAUTES

O lassitude !
O douceurs !

JASON

N'écoutez pas ! héros à l'âme rude,
Fuyez les blanches sœurs !

LA SIRÈNE

O toi, Jason ! pourquoi cette fureur amère ?
Pourquoi méconnais-tu la grâce du désir ?
L'or fuit, l'amour trahit, la gloire est éphémère ;
Moi, je suis l'immortel Plaisir !

Toutes les sirènes surgissent de la mer et enlacent Argo de leurs bras, en chantant.

LES SIRÈNES

L'or fuit, l'amour trahit, la gloire est éphémère ;
Moi, je suis l'immortel Plaisir !

LES ARGONAUTES, *vaincus, se penchant vers les sirènes.*

O les plus belles,
Nous voici !

JASON, *d'une voix terrible*

Non ! non ! Vierges aussi
Vous attendent là-bas les victoires rebelles !
Héros, vivez pour elles ;
Lâches, mourez pour celles-ci !

LES ARGONAUTES, *se précipitant sur lui*

Lâches !

JASON

Frappez au cœur ! Je me livre à vos armes !
Puisque mes cris sont vains et mon ordre impuissant,
Héros, frères, prenez mon sang,
Et purifiez-vous de ces indignes charmes !

LES ARGONAUTES

O Dieux !

(*Un silence.*)

JASON

Filles d'amour, retournez à la nuit !
Vous ne donnez qu'une heure, et nous voulons la vie.
Jason, fils du soleil, vous brave et vous défie !
Argonautes, ramez ! la gloire vous conduit.

Les Sirènes avec un grand cri s'enfoncent dans la mer.

Et voyez ! à travers la nue,
Aux lueurs des éclairs, dans la noirceur des flots,
Apparait la terre inconnue !
Ramez vers la conquête, ô guerriers matelots !

LES ARGONAUTES

Oui, voici la rive promise,
Voici la clarté !
Déjà se mêle à l'âpre bise
Un souffle d'été,
Annonçant la gloire conquise,
L'or et la beauté.

Oublions la nuit et l'orage
    Aux noires terreurs ;
Oublions l'incertain voyage
    Sur la mer en pleurs ;
Voici le lumineux rivage
    Où s'ouvrent les fleurs !

Chantez ! voici la récompense
    Due à notre effort !
Chantez ! votre gloire commence,
    Vainqueurs de la mort !
Victorieuse, Argo s'élance !
    Chantez ! c'est le port !

TROISIÈME PARTIE

—

MÉDÉE

—

En Colchide. Une rive déserte. La nuit. Médée et ses compagnes accomplissent les rites du culte d'Hécata. La lune brille.

DANSE MAGIQUE

LES COMPAGNES DE MÉDÉE

Cueillez l'ellébore et l'absinthe,
L'aloès et l'amer bouleau ;
Mêlez l'ambre à l'eau,
Dansez la ronde sainte.

Jetez dans les magiques flammes
Le sandal, la manne et l'encens ;
Les parfums puissants
Nous attirent les âmes !

MÉDÉE

Vierge sacrée, effrayante Hécata,
Dispensatrice des ténèbres,
Sois favorable à nos rites funèbres,
Toi que le chaos enfanta !

Vois sur mon front la guirlande de rue,
  Dans ma main le fer meurtrier ;
Sur ton autel, entends l'agneau crier :
  Parais, ô première apparue !

Viens, répandant les poisons de la nuit
  Sur le flot morne et sur la terre ;
Frappe de mort tout germe salutaire,
  Féconde le germe qui nuit.

Vierge infernale, éteins au fond des âmes
  Tout espoir de vie et d'amour ;
Emplis les cœurs de la haine du jour,
  O reine des funestes flammes !

Du sang ! du sang ! Hécate veut du sang !
  Arrachez le cœur des victimes,
Et qu'un flot rouge, à travers les abîmes
  Abreuve l'enfer tout puissant !

LES COMPAGNES DE MÉDÉE

Tournez, tournez, échevelées,
A l'entour de l'autel fumant.
    Le farouche amant
  Erre dans les vallées.

Il vient, le roi du triste enfer !
Égorgez la brebis bêlante.
    L'offrande sanglante
  Calme la soif du fer !

Frappez la cymbale sonore...

MÉDÉE

Arrêtez ! sur la mer, là-bas,
Je vois briller les pieds de la cruelle Aurore.
Quel douloureux réveil m'annonce-t-elle encore ?

LES ARGONAUTES, *au loin*

Eïa-o !

MÉDÉE

N'entendez-vous pas ?

LES ARGONAUTES, *voix lointaines*

Oui, voici la rive promise,
    Voici la clarté !
Déjà se mêle à l'âpre bise
    Un souffle d'été,
Annonçant la gloire conquise,
    L'or et la beauté !

MÉDÉE, *avec un cri*

L'aube chante en ces voix !

Le soleil paraît.

JASON, *abordant*

                     O terre !

MÉDÉE

Quel jour s'est levé dans mon cœur ?
Beau, farouche, aux yeux d'or, fort comme la panthère,
Quel est ce jeune Dieu ? Mon orgueil solitaire
Cède, cruel Eros, à ton charme vainqueur !

JASON

Où suis-je ?

MÉDÉE

Étranger, qui t'amène?

JASON

Ma volonté.

MÉDÉE

Comment te nommes-tu ?

JASON

Jason.

MÉDÉE

Ta patrie ?

JASON

Iolcos.

MÉDÉE

Que veux-tu ?

JASON

La Toison.

MÉDÉE

Hécate, sauve-moi de la puissance humaine !
Mon cœur bat... mes genoux tremblent... un voile noir
Couvre mes yeux... Éros! je suis en ton pouvoir.

JASON

Parle, femme. Que faut-il faire?

MÉDÉE

Sais-tu que l'Étranger abordant en ces lieux
Doit tomber sous les coups du peuple furieux,
Selon l'ordre du Roi, mon père?

Veux-tu braver la loi terrible?

JASON

Je le veux.

MÉDÉE

Sais-tu que, pour sauver ta vie,
Deux taureaux flamboyants, armés d'airain au front,
Devront être courbés au joug? As-tu l'envie
De braver les guerriers sans nombre qui naîtront
Quand, des dents d'un monstre semée,
La plaine t'offrira pour moisson une armée?

JASON

Je ne crains que la honte, ô femme! je vaincrai.

MÉDÉE

Oui, tu vaincras, mon roi, mon Dieu, mon préféré!

JASON

Toi qui m'aimes, qui donc es-tu?

MÉDÉE

Je fus Médée!
Par toi, je ne suis plus qu'une femme au cœur doux.
Vois! celle qui tombe à genoux
Fut la fille d'un roi, par l'enfer même aidée!

Si tu veux, si tu veux,
Je trahirai mon peuple, et mes dieux, et mon père,
Et loin de cette terre
Nous fuirons tous les deux!

Pour un sourire, pour
Un de tes beaux regards devenu moins farouche,
Pour un mot de ta bouche,
Pour un baiser d'amour,

Je livre le trésor
Unique! la splendeur d'éclairs environnée!
Viens! mon don d'hyménée
Sera la Toison d'or.

JASON

Je le veux ! je le veux !
Je suis à toi, Médée, et j'accueille ton crime !
Je le veux ! L'or sublime
Éclaire tes cheveux !

Ton sein profond et pur
Que nul homme n'a vu ressemble à ma pensée,
Et la mer cadencée
Teignit tes yeux d'azur !

Et ton coupable cœur
Comme l'or dangereux brûle dans l'ombre noire.
J'accepte la victoire
Et serai ton vainqueur !

MÉDÉE

O remords ! O terreur ! O trahison infâme !
Vile lâcheté de la femme
Qui livre tout l'honneur pour une heure d'amour !
Mon père en cheveux blancs ! O Colchos, ma patrie !

JASON

Viens, perdons-nous là-bas, vers la plaine fleurie ;
Mêle tes premiers feux aux premiers feux du jour.

MÉDÉE

Adieu, calmes troupeaux, bois profonds, source pure !

JASON

Viens ! viens !

MÉDÉE

J'entends déjà, dans l'herbe qui murmure,
Dans le vent qui s'enfle et grandit
En longs gémissements sur ma coupable tête,
La voix des noirs démons crier : « Arrête ! arrête !
Ton amour est maudit !

Profanatrice des mystères
Ton amour sera profané !
L'homme à qui ton cœur s'est donné
Oubliera tes baisers en des bras adultères !

Toi qui fuis, l'amour te fuira ;
Traîtresse, tu seras trahie ;
Reine qui possédas les secrets de la vie,
Tu vas les partager et ton âme mourra ! »

JASON

Non ! non ! Nous régnerons ensemble !
Ta beauté m'appartient et ma gloire est à toi !
Mets dans ma main ta main qui tremble,
Et fais de tes cheveux ma couronne de roi.

LES COMPAGNES DE MÉDÉE

Avec de languissantes poses,
Lentement, oh ! très-lentement,
Effeuillez des roses
Pour l'amante et l'amant !

MÉDÉE

Tes lèvres sont le baiser même !

JASON

Ton regard, c'est l'amour vainqueur !

MÉDÉE

O douloureux plaisir ! Enivrante douleur !

JASON

Je vois pleurer tes yeux !

MÉDÉE

Je sens battre ton cœur !

MÉDÉE et JASON

Ton regard, c'est l'amour vainqueur !
Je t'aime !

LES COMPAGNES DE MÉDÉE

Couvrons-les d'odorantes chaînes !
Qu'ils s'enlacent parmi les fleurs,
Aux chansons lointaines
Des colombes en pleurs.

QUATRIÈME PARTIE

—

LA TOISON D'OR

—

Un bois sacré.

—

LES GARDIENS DU TRÉSOR

O Beauté, vérité suprême,
Celui qui t'aime
Doit souffrir.

Il doit, pour l'amour de son rêve,
Lutter sans trève
Sans mourir.

Il doit éteindre dans son âme
La vaine flamme
Des amours,

Et marcher dans la route amère,
Vers sa chimère,
Seul toujours !

Dans le flot lumineux des larmes
Les plus sûrs charmes
Sont cachés ;

Pleurez-vous en cherchant la gloire?
Votre victoire
Vous a cherchés.

JASON

Esprits ! c'est moi, Jason. J'ai droit à la Lumière.

LES GARDIENS DU TRÉSOR

Qu'as-tu fait pour la mériter?

JASON

J'ai vaincu sur les flots, j'ai vaincu sur la terre !
Ni l'enfer ni les cieux n'ont pu m'épouvanter.

J'ai traversé les mers inexplorées
Dans la foudre et les vents !
De blanches visions, d'écume et d'or parées,
Vainement m'ont ouvert leurs doux bras décevants !

Dans la plaine où se rue
Tout l'enfer,
J'ai vaincu les taureaux à la corne de fer !
Les taureaux de l'enfer ont traîné ma charrue.

J'ai semé le funeste grain,
Les dents du noir dragon qu'enfanta la Furie,
Et du sol déchiré qui crie
Ont surgi les guerriers d'airain.
Encor un ! Encor dix ! Encor vingt ! O mêlée
Formidable ! Encor cent ! Encor mille ! O fracas !

La terre en frémit ébranlée.
Moi, seul contre tous, je combats !
Avec un fer que rien n'émousse
Je fauche la moisson vivante qui se tord,
Et ce grand tas sanglant de gerbes, je le pousse
Aux granges sombres de la mort !

LES GARDIENS DU TRÉSOR

As-tu vaincu ton cœur ?

JASON

Je n'aime que la gloire.

MÉDÉE

Et moi ? D'hier déjà s'efface la mémoire…

Se peut-il que déjà mon sort soit accompli ?
Qu'au seuil de l'avenir je sois abandonnée ?
Que de mon front trop tôt pâli
L'on arrache déjà la guirlande fanée ?

Quoi ! J'aurai tout donné, beauté, pudeur, savoir,
J'aurai fui lâchement mon père et ma patrie,
Violé mes autels, et trahi mon devoir
Pour n'obtenir de toi que l'amer désespoir ?
Par mon crime suis-je trahie ?

O Jason, souviens-toi ! C'était hier. Heureux,
Pleurants, unis, perdus sous les sombres ramures,
Aux chants du ramier langoureux
Nous mêlions de tendres murmures !

JASON

Esprits, accordez-moi le courage cruel
De m'arracher du cœur cet amour qui m'enchaîne.

Qu'un amour immortel
Anéantisse en moi toute faiblesse humaine !
J'ai vaincu les plaisirs, les terreurs, et la mort ;
Je vaincrai l'amour de la femme !
Que ce suprême effort
Affranchisse à jamais mon âme !

Gloire, apparais !

MÉDÉE

Pas un regard ! pas un mot ! Rien !
Écoute ! Réponds-moi, Jason ! Tu sais combien
Je t'aimais !

JASON

Il le faut...

MÉDÉE

Entends ! Je suis ton âme,
Ton cœur, ta chair, ton sang !

JASON

Adieu.

MÉDÉE

Reviens à moi,
Mon amour vaut la gloire et l'or !

JASON

O pauvre femme,
Je ne t'aime pas.

MÉDÉE, *avec un cri terrible.*

Ah ! grands dieux !

LES GARDIENS DU TRÉSOR

Viens, et sois roi.

Une grande clarté se fait lentement. Peu-à-peu, la Toison d'or
apparaît.

JASON

Oh! quelle ineffable lumière
Emplit le ciel d'été!
Ma gloire vivante m'éclaire,
J'ai conquis la clarté!

LES ESPRITS ET LES HOMMES

Il a conquis la Toison immortelle,
Le renom toujours pur,
La Science du vrai, la Beauté toujours belle,
Qui règne dans l'azur.

Paris. — Imp. E. DELAY, rue Rodier, 49

PARIS

Imprimerie E. DELAY, rue Rodier, 49